LE 15 NOVEMBRE

A SA MAJESTÉ

L'IMPÉRATRICE EUGÉNIE

PAR

BAB

—

PRIX : 10 CENT.

—

J. DEFAUX, LIBRAIRE-ÉDITEUR

8, RUE DU CROISSANT

—

1868

A SA MAJESTÉ

L'IMPÉRATRICE EUGÉNIE

Je suis peu partisan des anniversaires.

Presque toujours ils rappellent un souvenir douloureux ou une date néfaste, soit à la gloire d'un pays, soit au compte de l'humanité.

Je n'ai jamais non plus aimé à me mêler aux encenseurs des grands et des puissants. La couronne d'un Souverain a toujours arrêté mon premier élan, parce qu'elle impose — selon l'usage — des hommages obligés.

**

Le nombre des courtisans qui s'inclinent devant un trône est très-grand, mais celui des véritables fervents qui aiment loyalement et sans flatterie est fort restreint.

C'est pour cette raison que je m'abstiens de me joindre aux grandes solennités officielles où l'hypocrisie tient lieu de sincérité; mais je serai toujours heureux de venir offrir les meilleurs souhaits à la modestie qui s'est faite reine et instigatrice de la charité, des bons conseils et d'heureuses améliorations.

.***

La reconnaissance est un sentiment trop précieux pour qu'on oublie à certains jours de rappeler publiquement les bienfaits qui sont gravés dans tous les cœurs.

Mais est-ce bien l'Impératrice qu'il

faut fêter, ou seulement la femme, épouse aimée et mère affectueuse.

**

Une Souveraine exige un cérémonial réglé qui ne convient pas à toutes les natures.

L'hommage que l'on rend aux plus illustres personnages est toujours guindé et fait de phrases identiques façonnées par la mode et l'étiquette. Ce sont des compliments appris par cœur.

Tandis que des souhaits sincères adressés spontanément, sans préméditation et sans le concours d'aucun huissier me paraissent avoir un parfum de sincérité bien plus agréable pour celle à qui ils s'adressent que les éloges les plus pompeux.

***

Dans ce cas, je me trouve à mon aise pour me faire, à l'occasion de la sainte Eugénie, le représentant de l'opinion publique et adresser à l'Impératrice, ou plutôt à Eugénie, patronne de la France, ainsi que l'appellent les passionnés, les souhaits de longue prospérité pour cet anniversaire qui rappelle tant de bienfaits.

***

Je n'ai jamais écrit une ligne en faveur de ces soi-disant anniversaires glorieux, rappelant une grande victoire. Cette gloire-là me paraît ironique, attendu qu'elle ne sert qu'à rappeler à d'innombrables familles un deuil irréparable.

Mais, en compensation, je n'ai jamais manqué non plus de célébrer les dates rappelant des événements mémorables par leur utilité et leurs heureux résultats pour le progrès et l'humanité, et je dois avouer, sous ce rapport-là, que l'Impératrice Eugénie s'est placée au premier rang.

*_**

Il ne faudrait pas voir dans ces lignes l'intention de venir encenser une auréole impériale, je serais désespéré d'être aussi mal compris. Mon seul désir est de me faire le respectueux admirateur d'une femme aimable et aimée qui, pendant quinze années, a signalé la haute position où les circonstances l'ont menée par un grand nombre de bienfaits et la création d'utiles institutions.

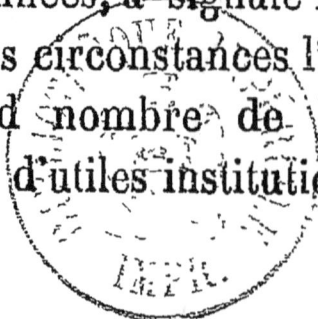

$*^*_*$

Si ma conviction profonde n'était pas que la publicité que l'on donne aux bonnes œuvres en font perdre toute la valeur, je pourrais citer de nombreux traits inconnus du public et qui montreraient jusqu'à quel point Celle dont nous parlons mérite nos sympathies et notre amour.

Ce qui m'empêche aussi de divulguer des faits les plus méritoires, c'est la crainte d'être traité d'adulateur. Je tiens tant à mon indépendance que je préfère rester en-deça de la vérité et atténuer les éloges autant que possible que d'encourir la plus petite accusation en ce genre.

$*^*_*$

Si les usages le permettaient, je suis

persuadé que le jour de sa Fête, le 15 novembre, le peuple, qui a un profond amour pour sa Souveraine, irait en masse lui porter des bouquets de violettes, symbole de la modestie et de la douce aménité.

Ces protestations naïves n'ont-elles pas mille fois plus de prix que les plus belles fleurs épanouies par des soins quotidiens dans les serres de la Ville.

Ce sujet me rappelle une légende indienne, toute de circonstance.

***

LÉGENDE

C'est le cas de commencer ici comme dans un conte de fées.

Il était une fois dans une tribu indienne une reine fort aimée. Avant son avènement, le pays avait éprouvé des revers et les discordes de la guerre civile, mais depuis sa venue au trône, la tribu était entrée dans une ère nouvelle de complète prospérité.

Grâce aux sages conseils de la reine, le roi, qui jusqu'alors avait été mal conseillé par ses favoris, cessa la guerre avec ses voisins, rappela ses soldats, et s'occupa exclusivement du bien de ses sujets.

Ce changement donna lieu à des fêtes splendides en l'honneur de la reine, dont le nom devint de jour en jour plus vénéré et plus populaire.

Cette tribu vit alors arriver des jours heureux. Les caisses de l'Etat longtemps vides se remplirent promptement par

les revenus du commerce et de l'agri-
culture. Le pays était fécond, et les
hommes, au lieu de manier la zagaie et
de lancer des flèches, apprirent bien vite
à faire fructifier la terre. Les étrangers
arrivèrent de toute part pour exploiter
les richesses du pays. Chacun s'enrichit,
et la plus douce tranquillité régna dans
la tribu. Le roi et la reine furent cités
dans les tribus voisines comme des mo-
dèles de vertu et de magnanimité.

La reine pensa avec juste raison que
la paix n'était pas suffisante pour le bien
du pays, il fallait encore le faire dis-
tinguer de tous les autres et lui donner
la gloire — mais elle savait bien aussi
que la gloire ne consiste pas dans les
guerres heureuses, mais bien plutôt dans
le progrès et l'amélioration d'une con-

trée. Elle protégea les arts, appela des savants étrangers, et procura à ses sujets les moyens de s'instruire sous tous les rapports, et répandit sur eux ses innombrables bienfaits.

Elle fonda des établissements où les enfants pauvres furent instruits à ses frais. — En un mot, elle donna l'élan nécessaire à faire progresser son royaume et se trouvait toujours là pour donner le bon exemple. Elle secourait les infortunes, réprimandait les coupables et s'alliait tous les cœurs.

On cite de beaux traits en sa vie. Un entre mille.

Une année que la chaleur torride de cette contrée fut plus forte que de coutume, une fièvre chaude se manifesta dans le pays et causa de grans ravages.

On vit la souveraine aller partout porter des secours, veiller au chevet des
malades, ne prendre aucun repos. L'épidémie—chose remarquable et qui frappa
les esprits superstitieux, — fuyait devant
elle. Partout où elle allait, les malades
guérissaient.

Ce règne plein de félicité dura longtemps. Renommée et respectée par les
tribus voisines, cet heureux royaume fut
envié par plus d'un état européen.

Les pauvres , les nécessiteux dimi-
nuaient sensiblement, les injustices y
étaient inconnues, et le peuple, enthou-
siasmé et reconnaissant, portait en triom-
phe sa souveraine, chaque fois que celle-
ci sortait de son palais.

Quand elle mourut, ce fut une désolation générale. On ne lui voulut pas de successeur. Sa mémoire, religieusement adorée, devait lui survivre.

On lui éleva un temple et le peuple jura de continuer à suivre les principes dictés par leur reine bien-aimée.

Celle-ci passa à l'état de sainte et de patronne du pays, et aujourd'hui encore, dans cette tribu privilégiée de l'Inde, son nom est prononcé avec respect et avec amour.

. . . .

. . . .

Cette légende ne pourrait-elle pas convenir sous bien des points à notre gracieuse Souveraine de France.

Nous n'avons pas l'intention de rappeler ici ce qu'elle a fait. Ce serait déflorer son mérite, et puis les faits ne sont ignorés de personne. La Charité, comme l'humble fleur des champs, exhale toujours un parfum qui divulgue tôt ou tard la main qui l'a donné.

$$\scriptstyle *^*_*$$

Pour les institutions utiles, est-il besoin de nommer les Crèches, le Prêt au Travail, l'Orphelinat du Prince Impérial et toutes les autres institutions philanthropiques que Sa Majesté dirige avec tant de prévoyance.

$$\scriptstyle *^*_*$$

Quant à son dévouement, vous vous

rappelez son voyage à Amiens, du temps
de l'épidémie.....

*
* *

Mais..... je me surprends à faire des
éloges.... qui ne sont, après tout, que la
vérité ; et puis, dois-je l'avouer, mais je
croyais, un moment, continuer la légende
de la Souveraine indienne.

Argenteuil. — Imprimerie P. WORMS.

www.ingramcontent.com/pod-product-compliance
Lightning Source LLC
Chambersburg PA
CBHW061802040426
42447CB00011B/2429